Karsten Paul

Arbeitsheft zur Geschichte

Mittelalter

westermann

Inhaltsverzeichnis

Städte entstehen

Schon zur Römerzeit gab es viele Städte bei uns. So haben sich zum Beispiel Köln, Mainz, Trier und Regensburg aus römischen Siedlungen entwickelt.
Es entstanden aber auch neue Städte im Mittelalter. Sie wurden häufig an verkehrsgünstigen Lagen gegründet. Die folgenden Abbildungen zeigen dir, an welchen Stellen Städte gegründet wurden.

____

____

Städte wurden gegründet an …

____

____

1. Setze die Begriffe ein: Kreuzungen von Handelsstraßen, Burgen/Klöstern, Furten, Flussmündungen.

2. An welchen Stellen wurden die folgenden Städte gegründet? Nimm die Karte als Orientierung und schaue in einem Atlas nach!

1. Lübeck: ____________________
2. Frankfurt: ____________________
3. Hannover: ____________________
4. Limburg: ____________________

3. Schreibe Städte auf, die in ihrem Namen „…burg“ haben:

____

____

____

Rund um die Stadt

Hier siehst du eine mittelalterliche Stadt mit ihrer Umgebung.

1. Setze in die freien Kästchen die entsprechenden Begriffe ein:

(1) Marktplatz, (2) Rathaus, (3) Kirche, (4) Stadttor, (5) Mauer, (6) Turm, (7) Mühle, (8) Friedhof, (9) Galgenberg, (10) Metzger, (11) Bäcker, (12) Näherin, (13) Brunnen

2. Trage nun die Begriffe von oben in das Kreuzworträtsel ein. Alle ◯ und □ ergeben je einen Städtenamen. Achtung: ä = ae, ü = ue

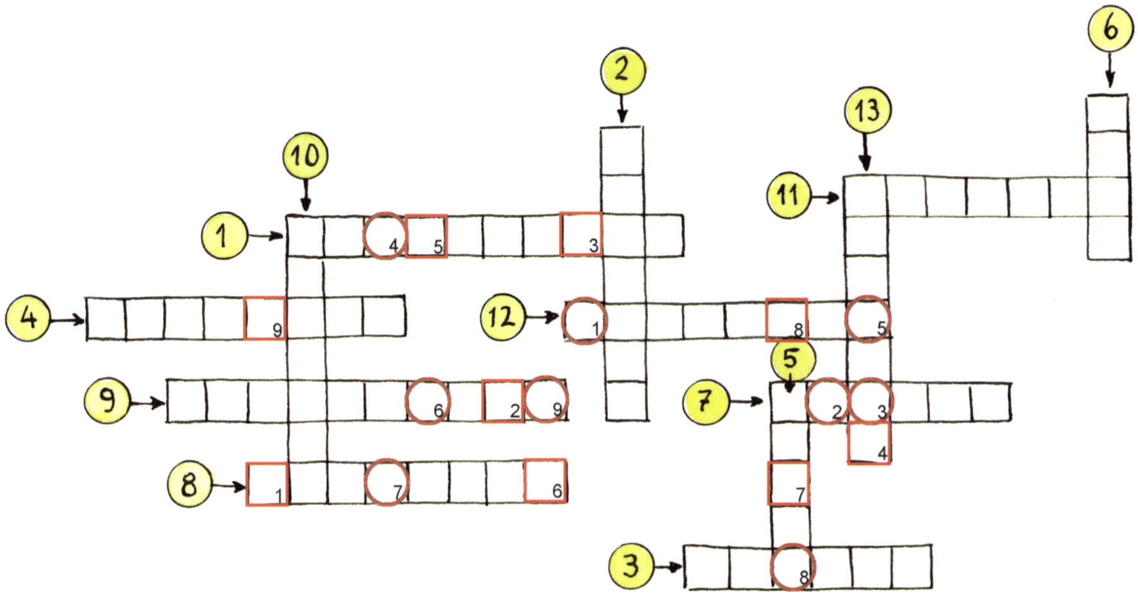

Lösung: Stadt ◯ ____________________ Stadt: □ ____________________

3. Wo wurden diese Städte gegründet? Achte auf die Endungen.

Anlage einer mittelalterlichen Stadt

Im Mittelalter gab es noch keine Pläne für die Bebauung einer Stadt, wie wir sie heute kennen. Bei der Planung wurden jedoch schon bestimmte Merkmale berücksichtigt. Jetzt seid ihr als Bauexperten gefragt. Schmiede wollen sich in eurer Stadt ansiedeln. Aber ist es nicht gefährlich? Schmiede arbeiten mit offenem Feuer, wenn sie das Eisen erhitzen. Auch ist ihre Arbeit sehr laut.
Wo also sollen sie hin?

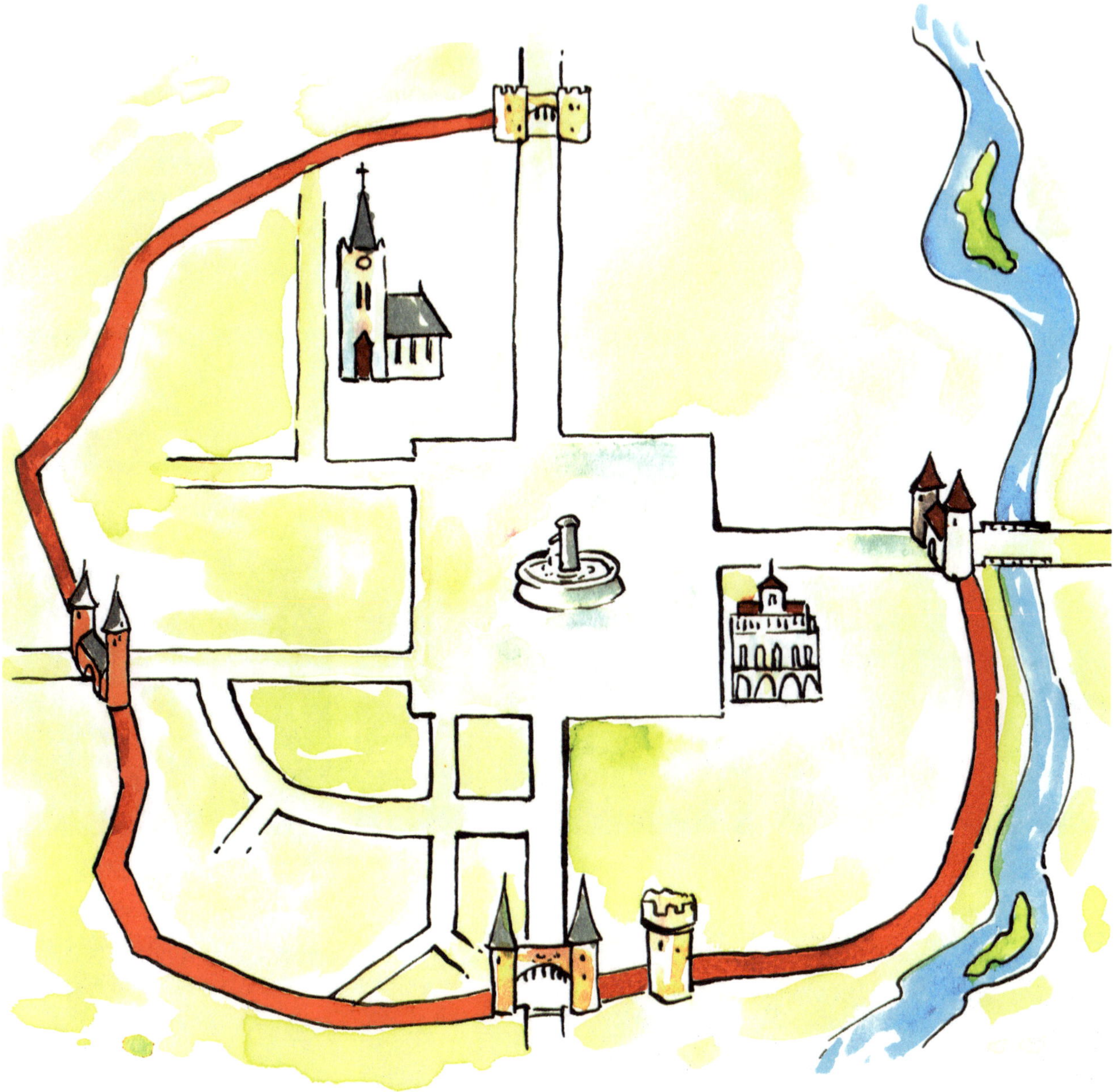

1. **Zeichnet diesen Plan nach euren Vorstellungen zu Ende. Beschriftet den Plan mit folgenden Begriffen: Marktplatz – Rathaus – Brunnen – Rathausgasse – An der Kirche – Mauerstraße – Bäckerstraße – Torweg – Färbergasse**

2. **Findet einen passenden Platz für die Schmiede in eurer Stadt. Zeichnet die Straße und die Häuser für diese Berufsgruppe in euren Stadtplan ein. Findet einen Namen für die Straße.**

Korbach – eine mittelalterliche Stadt

Die Stadt wurde verkehrsgünstig am Schnittpunkt der Handelsstraßen von Köln nach Leipzig und von Frankfurt nach Bremen erbaut. Dort, wo die Straßen sich trafen, entstand der Marktplatz.

Die Stadt begann zu wachsen. Der Platz innerhalb der Schutzmauern reichte bald nicht mehr aus. Neue Siedler mussten sich außerhalb der Stadtmauern niederlassen. So entstand in der Mitte des 13. Jahrhunderts im Norden der Stadt die Neustadt als Handwerkersiedlung. Sie erhielt ebenfalls eine Befestigungsanlage mit Wallgraben und Ringmauer. Die Altstadt behielt ihre Befestigungsanlage bei. Etwa 100 Jahre später vereinigten sich beide Städte. Nun hatten sie nur noch einen Bürgermeister. Ein neues Rathaus wurde genau auf der Grenze zwischen beiden Städten gebaut, mit einem Eingang zur Altstadt und einem zur Neustadt. Im Laufe der Zeit entstand zur Sicherheit der Bürger ein doppelter Mauerring mit stark befestigten Türmen und Stadttoren. Die Stadt besaß zwei riesige Kirchen. Die Kilianskirche stand in der Altstadt, die Nikolaikirche in der Neustadt. In der Stadt verteilt gab es steinerne Lager- und Warenhäuser. Mehrere riesige Brunnen versorgten die Bewohner mit Wasser. Dieses wurde über eine lange Wasserleitung von den umliegenden Bächen in die Brunnen geleitet.

Zum weiteren Schutz der Stadt standen in der Gemarkung sogenannte Warten. Das sind Wachttürme. Sie waren ständig mit einem Wächter besetzt.

Rathaus

St. Kilian

Nikolai-Kirche

Stadtmauer

Turm am Enser Tor

Brunnen

Der Mauerring ist noch heute bis auf wenige Stellen erhalten geblieben.

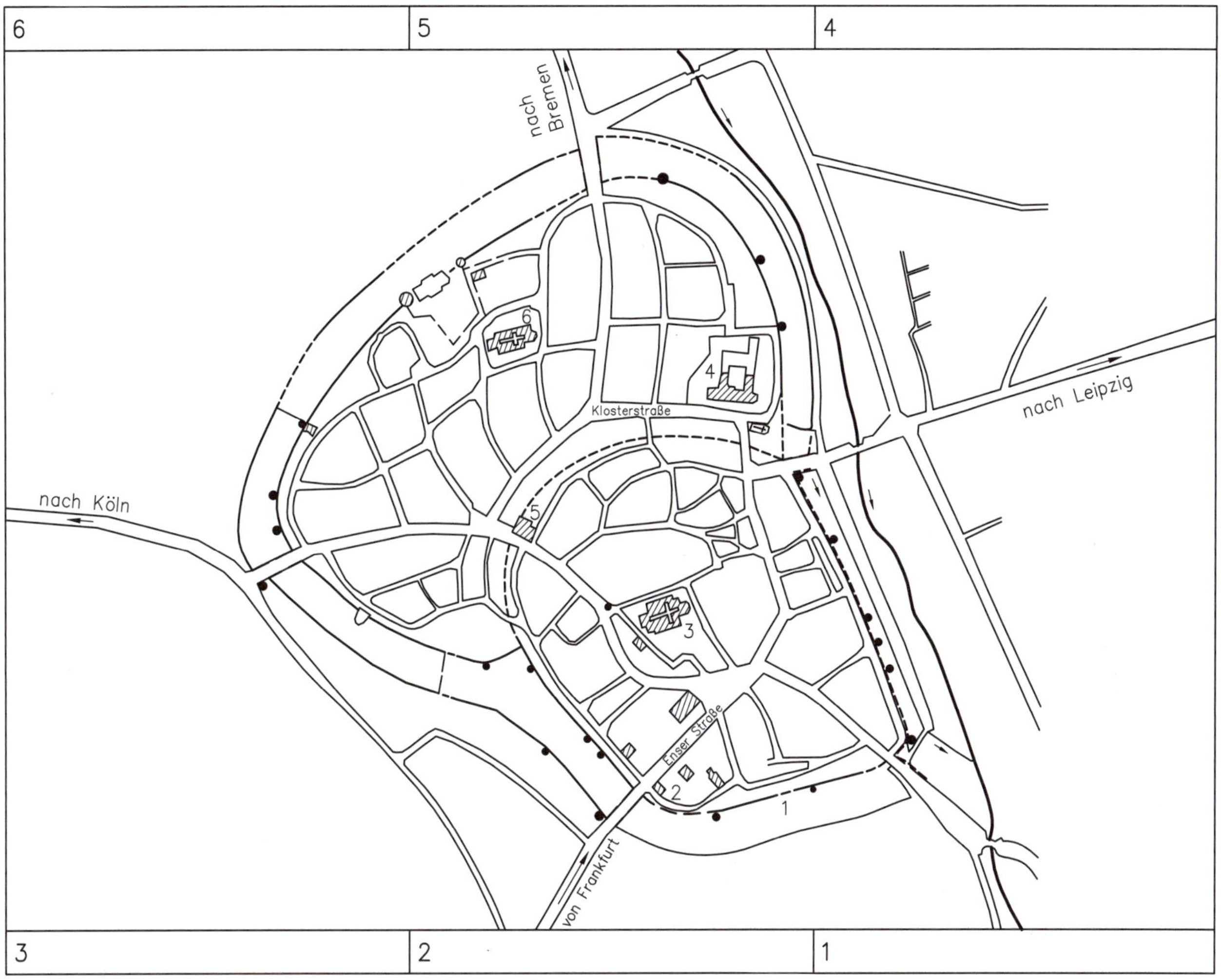

1. **Suche auf dem Plan die verschiedenen Stadttore und markiere sie farbig.**

2. **Zeichne die Stadtmauer rot ein und markiere die Handelsstraßen bis zu den Stadttoren braun.**

3. **Trage die folgenden Begriffe in die Kästchen ein und verbinde sie mit dem Standort: Rathaus, Stadtmauer, St. Kilian, St. Nikolai, Kloster, Turm am Enser Tor. Lies dir den Text auf S. 6 dazu noch einmal genau durch.**

4. **Worauf sind die heutigen Straßennamen wie Nordwall, Westwall und Südwall zurückzuführen? Vermutet einmal!**

Heute ist Markt

Der Markt in den mittelalterlichen Städten lag mitten in der Stadt. Er war für Fremde und Händler sehr leicht zu erreichen.
Am wichtigsten waren die Wochenmärkte. Hier boten die Kaufleute und Handwerker ihre Waren und Dienste an. Aber auch die Bauern aus den umliegenden Dörfern hatten ihre Stände aufgebaut. Sie boten den Bürgern ihre Erzeugnisse vom Land an. Ein Marktaufseher achtete darauf, dass die Bestimmungen der Marktordnung genau eingehalten wurden.

1. **Betrachte das Bild sehr genau! Welche Waren oder Erzeugnisse kannst du erkennen? Markiere sie auf dem Bild und schreibe sie dann heraus.**

2. **Du kannst dir eine Tabelle anlegen. Sie könnte etwa so aussehen:**

	Waren/Erzeugnisse
Aus der Stadt	
Vom Land	

Hier siehst du ein Bauernpaar mit ihren Erzeugnissen.

Was die Menschen trugen

Niemand durfte sich kleiden, wie er wollte. Die Kleidung zeigte an, welcher sozialen Schicht der Mensch angehörte.
Alles war Handarbeit. Markenkleidung, wie wir sie heute kennen, gab es nicht.
Frauen von reichen Kaufleuten trugen Kleider aus feinen gefärbten Stoffen mit Borten oder Pelz. Auf dem Kopf hatten sie einen hübschen Hut.
Die Frauen der Handwerker durften nur einfache und einfarbige Kleider tragen. Sie mussten weit und robust sein. Manchmal trugen sie ein ärmelloses Gewand in einer anderen Farbe darüber. Auf dem Kopf hatten sie eine Kappe oder eine Haube.

Die reichen Männer trugen eng anliegende Hosen aus feinem Stoff und darüber einen Rock oder einen Umhang mit Pelz.
Die Handwerker hatten ebenfalls eng anliegende Hosen. Diese waren oft aus Wolle. Darüber trugen sie ein Hemd aus Hanfgarn und eine Weste aus Leinen.

1. Male die Menschen farbig aus.
Wenn du die Aufgaben gelöst hast, dann weißt du, welche Farben du benutzen musst.

3 x 8 = ☐ weiß　　7 x 8 = ☐ rot　　8 x 6 = ☐ dunkelblau

6 x 6 = ☐ gelb　　7 x 4 = ☐ braun　　5 x 6 = ☐ grün

8 x 4 = ☐ schwarz　　7 x 6 = ☐ hellblau　　3 x 6 = ☐ orange

2. Welche Kleidung trugen die Menschen? Lege dir eine Tabelle an, unterscheide nach reichen Kaufleuten und Handwerkern, nach Männer und Frauen.

	Kaufleute	Handwerker
Frauen		
Männer		

Bestellung bei einem Tuchhändler

Die Frau des Bürgermeisters möchte Vorhänge für ihre gute Stube kaufen. Dazu geht sie zum Tuchhändler und bestellt diese. Sie gibt an, wie viel sie von dem feinen Tuch benötigt.

Im Mittelalter gab es noch keinen Meterstab, wie wir ihn kennen. Zum Messen wählten die Menschen Körperteile.

Alte Lösungsmaße:

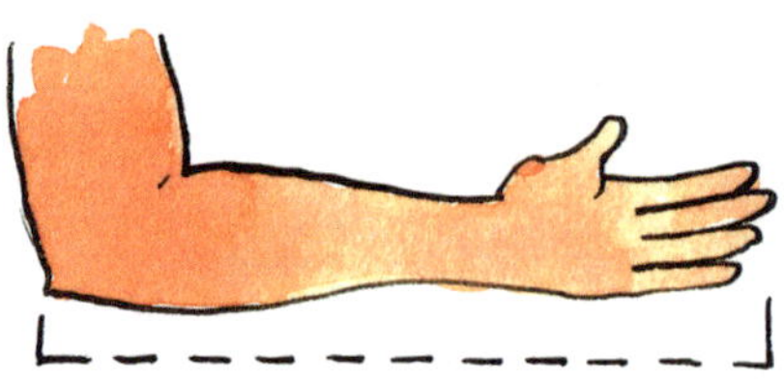

Elle (ca. 55 cm)

Fuß (ca. 33 cm)

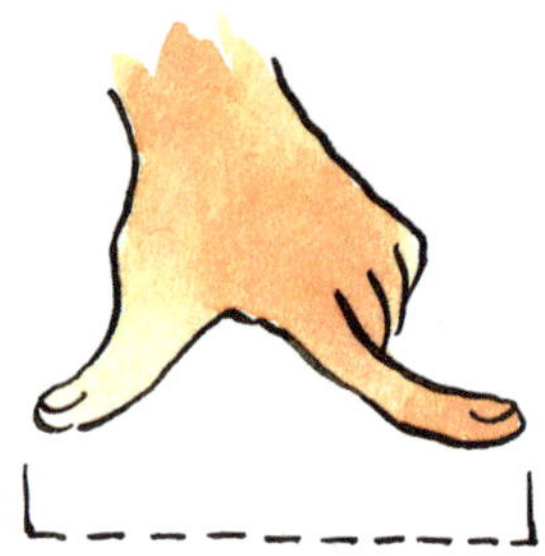

Spanne (ca. 15 cm)

Die Frau vom Bürgermeister gibt also folgende Maße an: Tuch – 3 Ellen lang und 5 Spannen breit.
Nach diesen Maßen schneidet der Tuchhändler den Stoff zurecht. Er möchte alles richtig machen.
Deshalb lässt er den Gesellen nachmessen. Oh, weh! Es stimmt nicht.

1. Was meint ihr, warum stimmt es nicht?

Längenmaße wurden im Laufe der Geschichte immer wieder neu festgelegt.
Damit es beim Messen keine Probleme gab, wurden Längenmaße am Rathaus in die Wand geritzt.
So war das Maß immer gleich egal, ob ein kleiner oder ein großer Mensch messen wollte. Elle blieb Elle!

2. Messt einmal euren Klassenraum in Fuß aus.

Länge (in Fuß): ______________________

Handwerker in einer Stadt

Die Handwerker waren die größte Gruppe der Stadtbevölkerung. Sie waren wichtig, weil sie viele und notwendige Dinge herstellten oder anboten. Alle Handwerker mit dem gleichen Handwerk wohnten in einer Straße. Der Stadtrat legte die Handwerkerviertel fest.

Noch heute gibt es in vielen Städten Straßennamen wie Bäckerstraße, Töpfergasse oder Seilerstraße.

Hier siehst du Dinge, die von den Handwerkern hergestellt wurden.

Der **Korbmacher** stellte Körbe her.

Der **Schmied** beschlug Pferde und stellte Werkzeuge her.

______________________ ______________________

Der **Weber** webte Stoffe.

Der **Sattler** fertigte Sättel und Zaumzeug.

______________________ ______________________

Der **Färber** färbte Stoffe.

Der **Wagner** stellte Wagenräder her.

______________________ ______________________

1. **Ordne den passenden Begriff der entsprechenden Abbildung zu.**

Einigkeit macht stark

Handwerker mit gleichem Beruf schlossen sich zu Gemeinschaften zusammen.
Dies waren die Zünfte.
Es gab die Zunft der Schmiede, der Bäcker, der Schneider, der Gerber und viele andere.
Jede Zunft hatte einen eigenen Zunftmeister.
Jede Zunft besaß ein eigenes Haus.
Dort trafen die Handwerker sich zu Beratungen.

Die Zünfte hatten klare Regeln aufgestellt:

„Wir bestimmen:
- wer Meister oder Geselle werden kann
- wer zur Meisterprüfung zugelassen werden darf
- wie viele Meister es in der Stadt geben darf
- Wir legen die Preise und die Arbeitszeit fest.
- Wir kaufen die Rohstoffe für alle gemeinsam ein.
- Wir kontrollieren die Qualität der Waren.
- Wir unterstützen in Not geratene Mitglieder und deren Familien."

An diese Regeln musste sich jedes Zunftmitglied halten.

1. Richtig oder falsch? Kreuze an!

	Richtig	Falsch
Die Zunft bestimmte, wer Meister werden konnte.		
Jeder konnte zur Meisterprüfung zugelassen werden.		
Jeder Schuster konnte seine Rohstoffe dort einkaufen, wo er wollte.		
Die Qualität der Ware wurde nicht kontrolliert.		
Es konnte jeder so lange arbeiten, wie er wollte.		
Alle Bäcker konnten den Preis für Brot selbst bestimmen.		

**2. Welcher Handwerksberuf verbirgt sich hinter den Zunftwappen auf der rechten Seite?
Schreibe die jeweiligen Bezeichnungen darunter.**

Der Stadtrat tritt zusammen

Das ______________________ stand oft mitten in der Stadt. Hier tagte der ______________________ und hier wurde die Stadt ______________________.

Der ______________________ führte den Vorsitz in der Ratsversammlung. Zum Stadtrat gehörten auch die ______________________.

Sie __________ ihren Bürgermeister.

1. Setze folgende Wörter ein:

Bürgermeister – Ratsherren – Stadtrat – wählten – verwaltet – Rathaus

Der Rat der Stadt legte die Steuern fest, entschied über die Rechtsprechung, über die Abhaltung von Markttagen, über die Verteidigung der Stadt und erließ Verordnungen.
In der ersten Zeit waren nur einflussreiche Kaufleute der Stadt im Rat. Handwerksmeister wurden erst später als Ratsmitglieder aufgenommen.

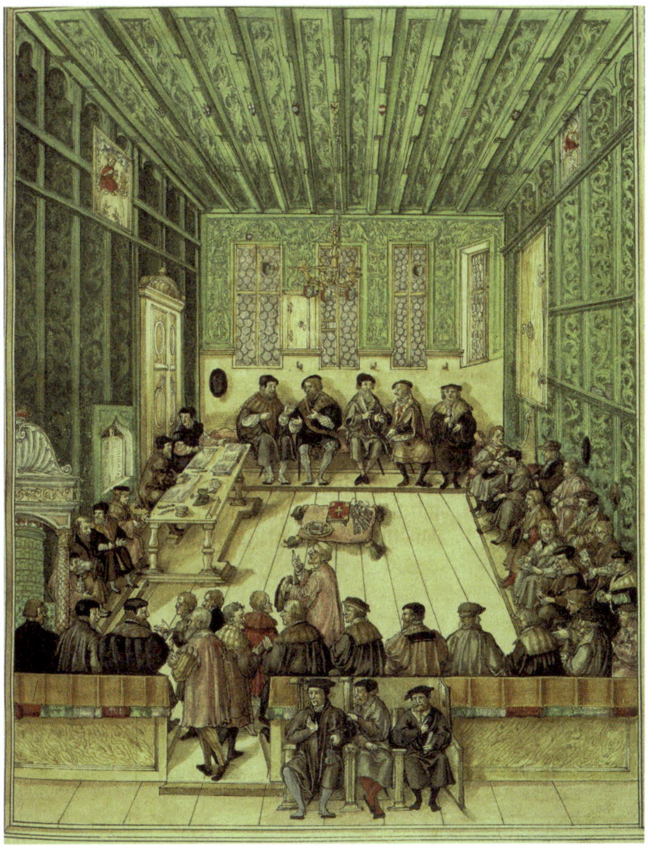

Als wichtige Zeichen für den Stadtrat und die Stadt galten die Schlüssel für die Stadttore und das Rathaus, das Stadtsiegel und das städtische Rechtsbuch.
Das Bild zeigt eine Ratsversammlung.
Der Bürgermeister sitzt in der Mitte unter den Fenstern.
Der Schreiber mit seinem Gehilfen hat am Tisch Platz.
Die Kaufleute sind an ihrer Kopfbedeckung zu erkennen.
Eine Gruppe Handwerker stellt gerade Forderungen.

2. Markiere die genannten Personen bei der Ratsversammlung (z. B. durch Einkreisen und Beschriften).

3. Wo findest du die wichtigen Zeichen der Stadt? Welche Bedeutung haben sie? Forsche auch im Internet.

Ein Dieb wird gefasst

Heute ist wieder Markttag. Es herrscht großes Gedränge. Plötzlich ertönt ein lautes Geschrei: „Hilfe, haltet den Dieb!"

Ein junger Mann in abgetragener Kleidung hetzt durch die Menschenmenge. Er hält zwei Hühner in der Hand.

1. Wo ist der Dieb? Finde ihn und markiere ihn rot!

Im Mittelalter wurden Diebe hart bestraft. Es wurden unterschiedliche Methoden der Bestrafung angewandt. Diese Strafen könnten unseren Dieb erwarten:

Wer einen Diebstahl begangen hatte oder beim Betrügen erwischt wurde, der kam an den Pranger. Das war ein Ort an einem belebten Platz. Dort wurde der Übeltäter angekettet und zur Schau gestellt.

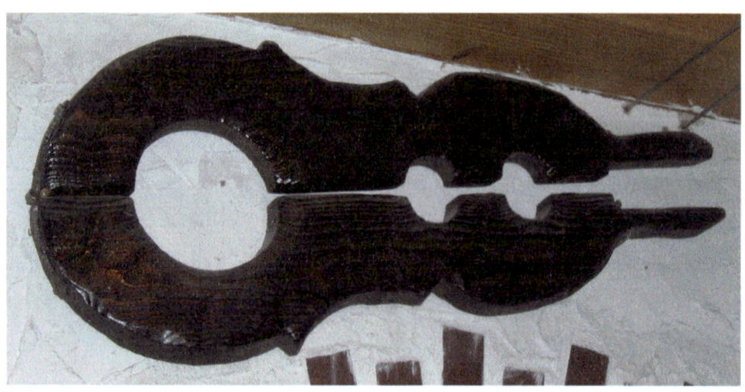

Eine andere Methode der Bestrafung war die Halsgeige. Dabei wurden dem Bestraften hölzerne Fesseln in Form einer Geige um den Hals geschraubt. Die Hände wurden neben dem Kopf in die kleineren Öffnungen mit eingespannt. Danach wurde der Täter mit Fußfesseln öffentlich durch die Straßen gejagt.

2. Sprich mit deinen Mitschülern oder Freunden über die Art der Strafe. Vergleiche sie mit den heutigen Bestrafungsmethoden. Was haltet ihr von öffentlichen Bestrafungen? Diskutiert darüber!

Viel Abfall – wohin damit?

In den Städten im Mittelalter lebten viele Menschen auf engstem Raum zusammen. Sie alle machten Müll. Aber es gab keine Müllabfuhr. Wie aber beseitigten die Menschen ihre Abfälle?

Sie sammelten alles in Töpfen oder Eimern. Waren diese Gefäße voll, so wurden sie einfach auf die Straße geschüttet. Auch die vollen Nachttöpfe wurden auf der Straße ausgeleert. Kein Wunder also, dass die Straßen damals sehr schmutzig waren. Oft lag der Unrat knöchelhoch. Es stank fürchterlich! Dazu kam, dass viele Tiere in den Straßen frei herumliefen. Auch sie machten Dreck. Dieser Müll zog viele Ratten an. Diese verursachten eine damals unheilbare Krankheit – die Pest.

1. Suche alle Möglichkeiten in diesem Bild, die aufzeigen, wodurch die Straßen im Mittelalter verschmutzt wurden. Markiere sie farbig!

2. Informiere dich im Lexikon über die Pest als Krankheit.

Auch auf diesen Bildern siehst du die Möglichkeiten, wie der Müll früher (1500) und wie er heute (2007) entsorgt wird.

3. Beschreibe die Unterschiede der Müllentsorgung.

____

____

____

Ein Feuer bricht aus

Feuer war für die Städte im Mittelalter die größte Gefahr. Viele Häuser waren aus Holz gebaut und standen eng zusammen. Somit verbreitete sich das Feuer schnell.
Bei einem Feuer mussten die Stadtbewohner alle helfen. Das Löschwasser wurde mit Eimern aus dem Brunnen geholt. Dazu bildeten Bewohner Menschenketten und reichten die Eimer von Hand zu Hand weiter.
Jede Stadt hatte zum Schutz eine Feuerordnung.

1. Erstelle eine Feuerordnung. Die folgenden Satzteile helfen dir dabei.

- Jedes Haus soll 1 Leiter, 1 Wassereimer
- Eimer aus Leder
- Leiter bis Dach
- Alle helfen
- Wer nicht, bestraft
- Nach 8 Tagen Stadt verlassen

Feuerordnung

____

____

____

____

____

____

2. Male folgende Bereiche an: das brennende Haus, die Menschenkette, die Wassereimer, die Leiter, den Brunnen.

Bunte Fensterbilder

Kirchen oder Kathedralen waren nicht nur die größten und schönsten Gebäude einer Stadt, sie hatten auch besonders hübsche Glasfenster.

1. Stelle selbst ein buntes Glasfenster her.

Das brauchst du:

- Vorlage (im Anhang S. 53)
- Buntstifte oder Wachsmalstifte
- Watte
- Pflanzenöl

So arbeitest du:

1. Male das Glasfenster bunt an.
2. Drehe die Vorlage um.
3. Gib ein wenig Pflanzenöl auf einen Wattebausch.
4. Reibe damit nun deine Vorlage ein.
5. Lass es trocknen und klebe es auf eine Fensterscheibe.

In der Sonne leuchtet es fast wie ein richtiges Glasfenster.

Im Dorf

Die Felder der Freibauern waren im Mittelalter in ihrem Privatbesitz. Im Gegensatz zu den leibeigenen Bauern waren die Freibauern nicht von einem Grundherrn abhängig. Wald und Gewässer um das Dorf gehörten allen gemeinsam. Die Dorfgemeinschaft nutzte sie zusammen. Dieses gemeinsame Teilen nannte man Allmende.

1. Male das Bild farbig aus.

2. Trage ein: Privatbesitz, Gemeinschaftsbesitz

Die Felder teilten sie in drei Bereiche. Jeder erhielt davon immer einen gleich großen Streifen. Auf dem einen Stück Land bauten alle Sommergetreide an, auf dem zweiten Wintergetreide und das dritte Stück ließen sie unbebaut (Brachland). Im zweiten und dritten Jahr wechselten sie ab. So nutzten sie in drei Jahren jedes Feld anders. Das erhöhte die Ernteerträge.

**3. Wie sah die Dreifelderwirtschaft aus? Versuche es aufzuzeichnen.
Kein Feld darf in diesen drei Jahren doppelt bestellt werden!**

1. Jahr	Sommergetreide	Wintergetreide	Brachland
2. Jahr			
3. Jahr			

Bauer ist nicht gleich Bauer

Im Mittelalter lebten viele Menschen auf dem Land. Die bäuerlichen Erzeugnisse waren in der Stadt sehr gefragt. Doch hatten die Bauern unterschiedlich viele Rechte.

Bauer A. stellt sich vor:

„Ich bin mit meinem Leben zufrieden. Mir gehören vier Tagewerk Land und ein kleines Stückchen Wald. Ich kann über meinen Besitz, meine Zeit und was ich anbaue, frei entscheiden. Dafür muss ich aber Kriegsdienst leisten. Doch in einer solchen Zeit kann sich meine Familie nur wenig um den Hof kümmern. Bin ich lange weg, könnte der Besitz verkommen."

„Ich bin…"

„Mein Hof…"

Bauer B. stellt sich vor:

„Mein Hof gehört dem Grundherrn. Ich musste ihn abgeben, weil ich sehr lange im Krieg war. Als ich zurückkam, war mein Besitz verfallen. Geld hatte ich nicht, um neu anzufangen. Der Grundherr gab mir den Hof als Lehen zurück. Doch dafür muss ich Frondienste und Abgaben leisten, immer den zehnten Teil von allen Erträgen."

So sahen die Dienste und Abgaben aus:

______________ ______________ ______________

1. Setze die folgenden Begriffe ein:
Abgabe von Vieh – Hilfe bei Feldarbeit – Abgabe von der Ernte

2. Vergleiche die beiden Aussagen der Bauern miteinander.
Welchem Bauer geht es deiner Meinung nach besser? Bauer A oder B? Erkläre.

____

____

____

____

____

____

Die Werkzeuge der Bauern

Das Bild zeigt einen Bauernhof in seiner Umgebung. Doch es ist nicht alles richtig.

1. Welche der Gegenstände gab es noch nicht? Streiche sie durch!

2. Welche der Gegenstände gab es? Kreise sie rot ein. Schreibe die Begriffe auf!

Hier findest du Silben, die dir bei der Suche nach den richtigen Werkzeugen helfen.

Hand – stock – Pflanz – Hand – flegel – Axt – wagen – sichel – Dresch – Spa – Harke – ten – pflug

____

____

Das Bauernhaus

Im Mittelalter lebten die meisten Menschen auf dem Land. Sie wohnten in einfachen ____________________.

Es gab oft nur ____________________. Der Fußboden bestand aus ____________________, die Wände aus

einem ____________________ aus Weidenruten. Dieses wurde mit einem Gemisch aus ____________________

und ____________________ abgedichtet. Das Dach wurde mit ____________________ gedeckt. Das

____________________ hatte nur eine ____________________. Die ____________________ waren sehr klein.

1. Fülle die Lücken mit den folgenden Begriffen aus.

Tür – Fenster – Häusern – Lehm – Lehm – Schilf – einen Raum –
Stroh – Haus – Geflecht

Im Innenraum brannte ein offenes Feuer. Es war Kochstelle und Heizung zugleich. Die Bauern besaßen nur sehr einfache Möbel. Dazu gehörten ein Tisch, eine Truhe, Schemel und Bänke. Betten kannten sie nicht. Sie schliefen auf den Bänken oder auf Stroh am Boden.

2. Zähle alle Gegenstände der Inneneinrichtung auf.

____

____

____

Die Kleidung der Bauern

Die Kleidung der Bauern war sehr einfach.

Auf dem Kopf trug die Bäuerin ein Kopftuch oder eine **Haube.**

Der Bauer trug auf dem Kopf eine **Kappe** oder er hatte eine Kapuze.

Die Bäuerin trug ein langes **Untergewand.**

Er hatte eine halblange Unterhose an. Darüber zog der Bauer eine weite **Hose** aus Wolle oder Leinen.

Darüber zog sie ein **Kleid** aus Leinen oder Wolle an.

Der Oberkörper wurde von einem **knielangen Kittel** bedeckt. Manchmal trug er noch ein Hemd darunter. Beides bestand meist aus grobem Leinen oder Wolle.

Oft hatte sie noch eine einfache **Schürze** umgebunden.

Als **Gürtel** diente eine einfache Schnur.

Die **Schuhe** waren aus Leder. Entweder hatten sie einen langen Schaft aus Leder bis zu den Knien oder es waren Halbschuhe. Trug er Halbschuhe, so hatte er häufig die Waden wegen der Kälte mit Stoff umwickelt.

1. Verbinde die fettgedruckten Wörter mit dem entsprechenden Teil der Abbildung.

2. Aus welchen Materialien war die Kleidung der Bauern hergestellt?

____

____

Im Dorf wird gefeiert

Die Landleute führten ein hartes Leben, aber sie hielten zusammen. Die ganze Dorfgemeinschaft kam zum Feiern, wenn im Dorf z. B. eine Hochzeit stattfand. Wurde ein Kind getauft, kamen alle aus dem Dorf zur Taufe und feierten gemeinsam. Starb einer aus der Dorfgemeinschaft, gingen alle zum Begräbnis.
Das Bild zeigt Dorfbewohner bei einem gemeinsamen Fest.

1. Suche folgende Bereiche und markiere sie durch einen Kreis:

• Wettreiten • Mädchen-Wettlauf • Schwertertanz • Ringen • Stangenklettern • Kegeln • Reihentanz • Waffenkampf • Schlägerei

Kirchweihfest, 1535

2. Zu welchen Anlässen feierten die Landleute?

____

____

3. Verschiedene Sportarten gibt es auch heute noch, z. B. das Wettreiten.
Welche Sportarten erkennst du noch?

____

____

Heute ist Zahltag

Es ist der 11. November 1250.
Am Martinstag mussten die Bauern ihre Abgaben leisten. Die Abgaben wurden von einem Vogt (Verwalter) entgegengenommen. Er ist von seinem Landsherrn beauftragt worden. Erwartungsvoll steht er vor den Bauern. Diese treten auf ihn zu und übergeben ihre „Steuern". So könnte man den Zehnt im Mittelalter bezeichnen.

1. **Malt das Bild aus.**
Denkt daran, der Vogt ist vornehm gekleidet, die Bauern kommen in Arbeitskleidung.

2. **Was könnte der Vogt sagen? Was könnten die Bauern sagen oder denken?**
Setzt eure Ideen in Sprechblasen ein.

Hier einige Hilfen für eure Sprechblasen:
- „Gut, dass ihr so pünktlich seid!"
- „Schade um die Ziege. Die könnte meine Familie besser gebrauchen!"
- „Das Federvieh könnte ich gut gegen neue Schuhe tauschen!"
- „Soll ich den Vogt einmal bitten, nur die Hälfte der Eier zu nehmen?"

Eine Führung durch ein Kloster

Eine Gruppe Pilger möchte das Kloster besichtigen. Für sie gibt es eine Führung durch die Klosteranlage. Ein Mönch begrüßt sie am Eingangstor.

„Zuerst zeige ich euch alles, was zum kirchlichen Bereich gehört. Kommt einfach jetzt mit. Hier direkt vor uns steht die riesige Klosterkirche mit den zwei Türmen. Gehen wir nun durch die Kirche in den Innenhof. Dann liegt links von uns der Kreuzgang. Hier beten die Mönche beim Hin- und Hergehen. Rechts ist die große Halle mit den Vorräten und dem Weinkeller. Uns gegenüber ist der Speisesaal. Gehen wir nun durch den Speisesaal hindurch, verlassen wir den kirchlichen Bereich. Biegen wir nun rechts zum Krankenhaus ab. Hier werden die Armen und Bedürftigen von den Mönchen gepflegt. Folgen wir dem Weg rechts am Krankenhaus vorbei, sehen wir auf der linken Seite das Bade- und Waschhaus. Dahinter liegt auf der linken Seite der Klostergarten mit Obstbäumen, frischem Gemüse und Kräutern für die Medizin. Folgen wir dem Weg weiter nach rechts, kommen wir am Pförtnerhäuschen an. So, hier endet die Führung. Alles außerhalb des Kirchengebäudes ist der weltliche Bereich. Damit ist die Führung beendet. Den Rest schaut euch selbst an. Hier ist eine Karte. Auf Wiedersehen."

1. **Jetzt bist du dran! Gehe den Weg, den die Pilgergruppe genommen hat, mit einem schwarzen Stift auf dem Klosterplan nach.**

2. **In welche beiden großen Bereiche ist die Klosteranlage eingeteilt?**

1. ________________________ 2. ________________________

Was Mönche alles konnten

Du hast erfahren, dass die Klosteranlage in einen kirchlichen und weltlichen Bereich eingeteilt war. Mönche konnten mehr als nur Beten.
Sie arbeiteten in der Landwirtschaft oder in medizinischen Berufen wie Arzt, Apotheker oder Krankenpfleger.

Viele Mönche waren auch handwerklich geschickt. Sie arbeiteten als Schmiede, Fassmacher oder Schuster. Andere waren Bäcker, Bierbrauer, Müller oder Gärtner.

1. Welcher Beruf oder welche Tätigkeit ist hier dargestellt? Notiere sie!

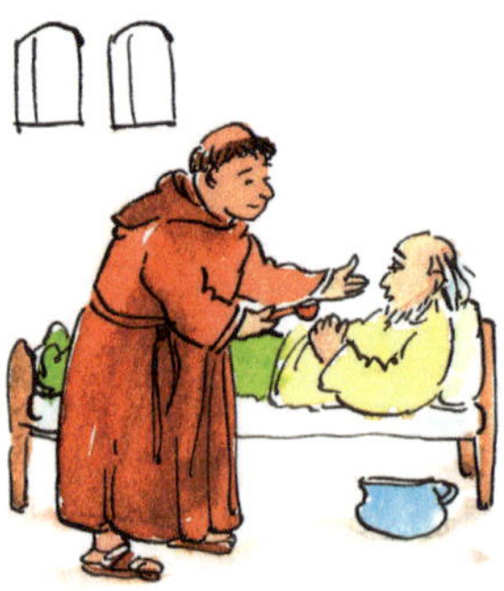

2. Womit kannst du das Kloster vergleichen? Kreuze an:

☐ mit einem Supermarkt
☐ mit einem kleinen Dorf
☐ mit einer Stadt

In einer Klosterschule

Benedictus und sein Freund gingen beide in die Klosterschule. Benedictus besuchte die **Novizenschule.** Er wollte Priester werden. Sein Freund besuchte die äußere Schule. Hier wurden Kinder von Adligen unterrichtet.

Für Benedictus gab es sieben Fächer, aufgeteilt in zwei Bereiche. Im sprachlichen Bereich lernte er **Grammatik** und **Rhetorik,** im mathematischen Bereich **Arithmetik, Geometrie, Astronomie** und **Gesang.**
Der Schulalltag begann nach dem Aufstehen mit Lobgesängen. Um 9 Uhr wurde die erste Messe gefeiert. Zwischen 12 und 13 Uhr wurde gesungen. Anschließend war Mittagspause. Sie dauerte eine Stunde. Es gab zu essen und zu trinken. Danach ging es bis 15 Uhr mit Singen weiter. Um 16.30 Uhr begann der Abendgottesdienst.
Zwischen den Zeiten mussten alle Schüler wieder zurück zur Schule.
Das Nachtgebet gab es zwischen 18 und 19 Uhr.

1. Welche zwei unterschiedlichen Schulen gab es?

____

2. Wer durfte in die Novizenschule, wer in die äußere Schule gehen?

____

____

3. Suche die Erklärungen für die Fächer im Anhang.
Welche Fächer gab es für Benedictus in den zwei unterschiedlichen Bereichen?
Fülle dazu die Tabelle aus:

Sprachlicher Bereich	Mathematischer Bereich

So ein Pech!

Heute sollte das erste handgeschriebene und handgemalte Buch in der Schreibstube des Klosters gezeigt werden. In dem Buch waren alle bekannten Kräuter aus dem Kräutergarten beschrieben und aufgezeichnet. Dieses Buch gab es nur einmal. Deshalb war es so wertvoll.

Als der Abt die Tür zur Schreibstube öffnete und die Mönche eintraten, war das Schreibpult leer. Dort sollte es eigentlich liegen. Der Abt erschrak. Vielleicht lag es ja schon in der Apotheke oder jemand hatte es im Hospital gebraucht? Nein! Es war nicht zu finden. Das kann nur ein Fremder gewesen sein, dachte der Abt. Ein Klosterbruder stiehlt nicht. Der Abt beauftragte alle Mönche, überall im Kloster zu suchen, besonders in den Schlafsälen und im Gästehaus. Er selbst ging zum Pförtner. Vielleicht hatte der etwas beobachtet. Alles umsonst. Das Buch blieb verschwunden.

1. Wo könnte sich der Dieb versteckt haben?

Du findest es heraus, wenn du das Rätsel löst. Lies die Wörter von oben nach unten. Ergänze bei allen die fehlenden Buchstaben in den roten Kästchen.

Diese Buchstaben helfen dir:
N R G T E Ä F K T R A R U

Das Lösungswort in den roten Kästchen musst du von rechts nach links lesen.

	S	H			K							
	T	O			R		M					
	Ä	S			E		Ü	A	S		P	
M	L	P	W		U		H	P	C		F	
Ö	L	I	E		Z	F	L	O	H	G	Ö	
C		A	K	B	A	I		H	L	S	T	I
H		L	S	T	N	E		E	E	T	N	R
E			T		G	D		K		E	E	C
			A			H		E		H	R	H
			T			O				A		E
			T			F				U		
										S		

2. Wie heißt es?

____

3. Warum ist das Buch so wertvoll?

____

4. Welche Personen und Einrichtungen aus dem Klosterbereich werden im Text genannt? Unterstreiche sie grün.

Auf einer Burg

Viele Burgen lagen auf steilen Bergen, das waren Höhenburgen, andere lagen im Tal, sie hießen Niederungsburgen. Auf den Burgen wohnten die Ritter mit ihren Familien. Sie waren durch dicke Mauern gut geschützt.

Der Graben (1) rund um die Burg war für die Angreifer ein Hindernis.

Über den Graben führte die Zugbrücke (2).

Das Burgtor konnte mit dem Fallgitter (3) verschlossen werden!

Rund um die Burg gab es eine hohe Mauer (4) mit Schießscharten (5).

Auf der Mauer war ein Wehrgang (6).

Die Wachtürme (7) dienten der Verteidigung.

In den Bergfried (8) zogen sich die Ritter bei Gefahr zurück. Er diente auch als Vorratskammer.

Im Herrenhaus (9) wohnte die Familie, daneben lag die Kapelle (10).

Die Ställe (11) waren für die Tiere.

Wasser in einem Brunnen (12) war für die Burgbewohner z. B. bei einer Belagerung sehr wichtig.

1. **Ordne die Zahlen zu.**

2 **Male die Burg farbig an.**

So viele Menschen

Auf einer Burg lebten sehr viele Menschen. Sie alle hatten unterschiedliche Aufgaben.

1. Wer waren diese Menschen? Setze die betreffenden Begriffe ein.

Burgherr mit Gemahlin – Priester – Knecht/Magd – Bewaffnete – Küchenmeister – Mundschenk

1. Welche Aufgaben hatten sie?
Klebe zu jeder Person den passenden Text auf. Diesen findest du im Anhang S. 45.

Aus dem Leben eines Ritters

Was ein Ritter in seinem Leben alles durchmachte, kannst du hier in den einzelnen Stationen erkennen. Du musst nur die Bilder und Textkärtchen aus dem Anhang S. 45 ausschneiden und hier aufkleben.

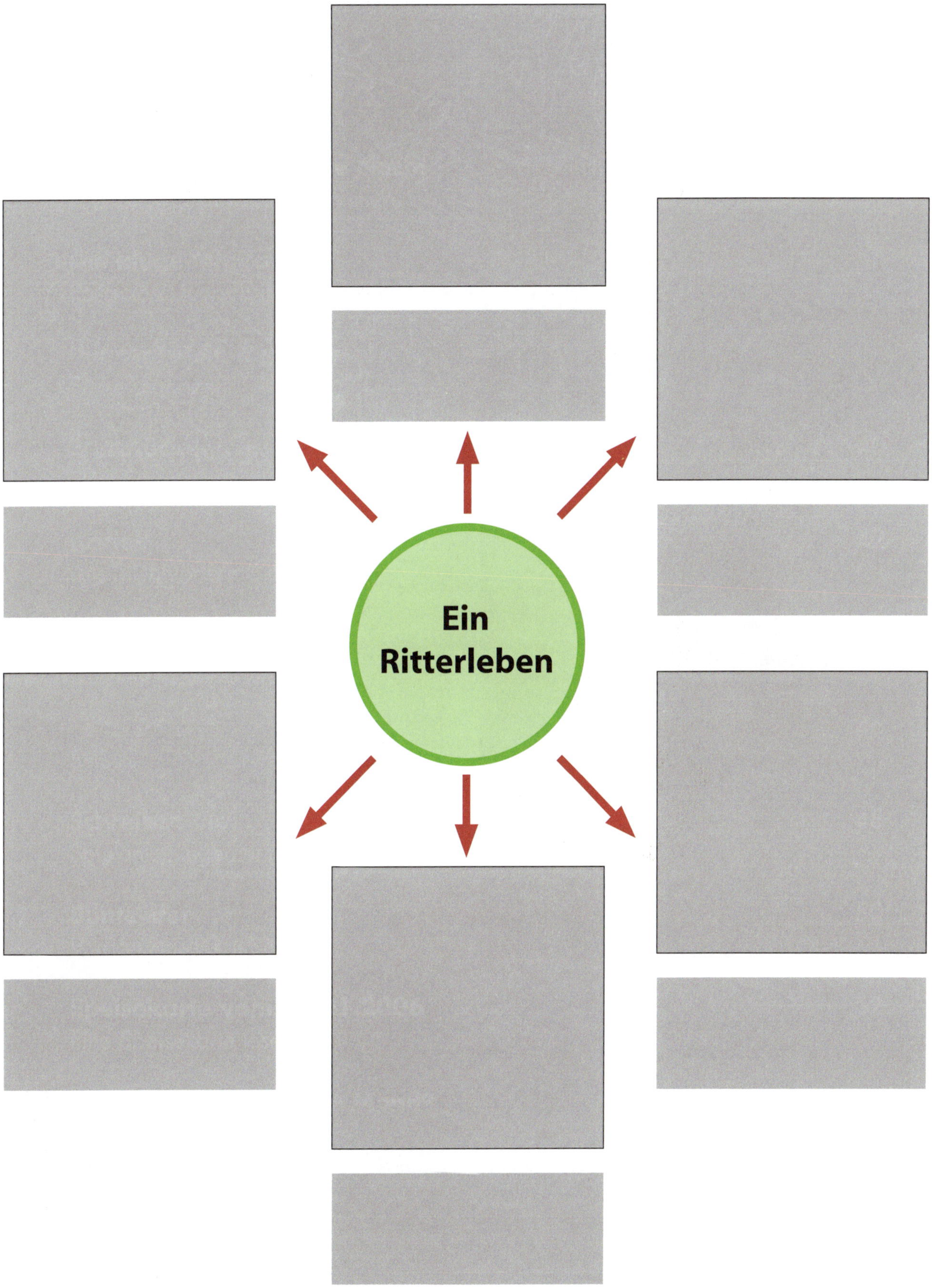

Die Ritterrüstung

Zur Ausrüstung des Ritters im Mittelalter gehörten die Waffen, die Rüstung und das Pferd.
Im Laufe der Zeit wurde die Ritterrüstung immer besser.
Im 13. Jahrhundert trug der Ritter ein Kettenhemd. Zum Schutz der Haut zog er einen wattierten Unterrock darunter. Über dem Kettenhemd trug er einen farbigen Waffenrock. Dieser sollte vor Sonne und Rost schützen. Auf dem Kopf hatte der Ritter einen Topfhelm.

1. Unterstreiche im Text alles, was zur Rüstung dazugehört.

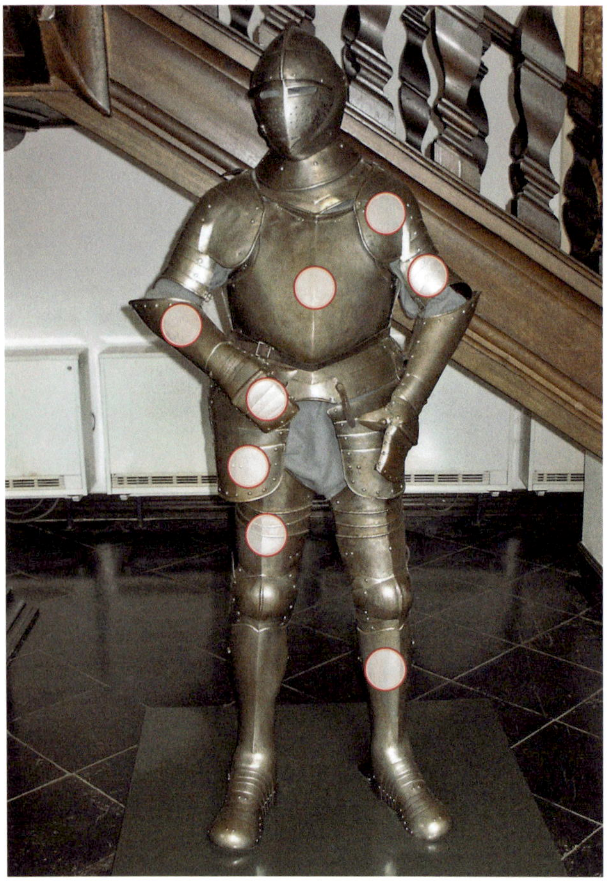

Diese Ritterrüstung war aber so schwer, dass sich der Ritter nur schlecht bewegen konnte.
Stürzte er vom Pferd, so konnte er alleine nicht mehr aufstehen.
Auch das Pferd des Ritters wurde nun durch einen Eisenpanzer geschützt.
Im 15. Jahrhundert ist der Ritter von Kopf bis Fuß gepanzert. Die Rüstung ist an den Gelenken so gearbeitet, dass sich der Ritter noch bewegen kann. Dazu zählen nun:

(1) **Brustharnisch,** (2) **Schulterschutz,** (3) **Armschiene,** (4) **Ellenbogenplatte,** (5) **Plattenschurz,** (6) **Panzerhandschuh,** (7) **Beinzeug** und (8) **Schienenschuh.** Ein **Helm mit klappbarem Visier** schützt seinen Kopf.

2. Setze diese Zahlen in die Abbildung links ein.

Ein Knappe erzählt

„Ich bin Eginhard und diene dem Ritter von Drachenfels. Mein erster Einsatz als Schildknappe ist noch gar nicht so lange her. Ich begleitete meinen Herrn zu einem Ritterturnier.

Ich kümmerte mich um sein Pferd, striegelte und putzte es.

Dann half ich meinem Herrn beim Anlegen der Rüstung. Das war gar nicht so einfach. Eine solche Rüstung wiegt etwa 50 Kilogramm. Als Ritter von Drachenfels so gerüstet war, holte ich das Pferd heran. Allein konnte mein Herr nicht aufsitzen, da musste ich ihm helfen. Als mein Herr endlich auf dem Pferd saß, reichte ich ihm Schild und Lanze.

Dann führte ich Pferd und Reiter zum Turnierplatz."

1. Von welchen Aufgaben berichtet der Knappe?

____

____

____

2. Der Knappe befand sich beim Ritter in einer Ausbildung. Wie würde man den Auszubildenden heute nennen? Und wie seinen Ausbilder?

____

____

Auf zum Turnier!

Turniere waren eine willkommene Abwechslung im Leben der Ritter. Dadurch hielten sie sich fit und trainierten für den Ernstfall.

1. Lege die Puzzleteile von Seite 47 richtig zusammen und klebe sie hier auf.

2. Lies den folgenden Text genau durch und schreibe die Geschichte zu Ende. Die Satzteile unten helfen dir.

Am frühen Nachmittag soll das Turnier beginnen. Langsam füllt sich die Tribüne mit Zuschauern. Der Herold gibt das Signal zum Beginn. Die Ritter treten zum Wettkampf an. Der Knappe beobachtet seinen Herrn.

Lanze senken – fürchterlicher Krach – Lanze bricht – Ritter wankt – stürzt vom Pferd – liegt im Staub – Sieger wird belohnt

Der schwarze Ritter

Wie sieht der schwarze Ritter aus? Das kannst du leicht herausfinden.

1. Klebe den Ritter in die Umrisse hinein. Du findest ihn als Puzzle im Anhang.

2. Welche Ausrüstungsgegenstände hat dieser Ritter? Setze die folgenden Begriffe ein:

Lanze – Schwert – Umhang – Rüstung – Helm – Schild – Pferd – Sporen

Freund oder Feind?

Wie sollte ein Ritter im Kampf wissen, wer sein Freund oder Feind ist? Aus diesem Grund hatten alle Ritter ein Erkennungszeichen, ihr Wappen. So konnten sie auch aus großer Entfernung erkannt werden. Sie trugen es auf ihrem Schild, auf dem Mantel und ihrer Fahne.

Das Bild für ein Wappen bestand aus Figuren oder Formen, manchmal auch aus beiden. Dies hier sind einfache Wappenbilder mit Formen:

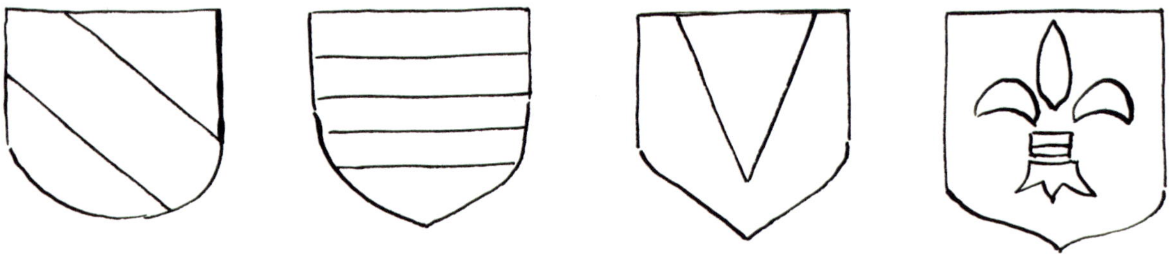

Die Bilder auf den Wappen mussten in bestimmten Farben gemalt sein. Folgende Farben waren erlaubt:
Blau – Grün – Rot – Schwarz – Gold – Silber

Zu den häufigsten Figuren auf den Wappen zählten Tiere wie Adler, Löwe oder Drache. Es gab auch Wappen mit Pflanzen wie Lilie oder Rose. Manche benutzten als Symbol nur Kreuze, andere wiederum hatten auch Fantasietiere im Bild wie das Einhorn.

1. **Male die verschiedenen Wappen farbig aus. Du darfst nur die erlaubten Farben benutzen.**

2. **Zeichne dir ein eigenes Wappen und male es in den entsprechenden Farben. Benutze die vorhandenen Wappen als Anregung.**

3. **Warum trugen die Ritter ein Wappen?**

___

___

___

Ein Festmahl auf der Burg

Heute gibt es auf Burg Drachenfels ein großes Fest. Das Festmahl besteht aus sieben Gängen. Bei der Hauptspeise gibt es Fleisch vom Hirsch, Wildschwein, Hasen und Fasan. Es gibt auch Speisen mit Gänse- oder Hühnerfleisch. Dazu gibt es Soßen mit Pfeffer, Ingwer, Salz, Zwiebeln oder Knoblauch verfeinert. Zur Hauptspeise wird Brot aus dem eigenen Backofen gereicht.

Als Vorspeisen kommen Pasteten, Milchprodukte oder Eierspeisen auf den Tisch.

Obst und Süßspeisen rundeten das Festmahl ab. Diese Nachspeisen wurden mit Honig gesüßt.

1. **Stelle einen Speiseplan zusammen. Ordne nach Vor-, Haupt- und Nachspeisen.**

2. **Welche Speisen kannst du auf der Festtafel erkennen?**

Sturm auf die Burg

Das Leben der Ritter war nicht immer friedlich. Es kam vor, dass Ritter untereinander in Streit gerieten. Häufig wurde der Streit mit Waffengewalt gelöst. Dann konnte es zu einem Angriff auf eine Burg kommen, so wie in diesem Streitfall.

1. Ordne den Gegenständen auf dem Bild die richtigen Begriffe zu!

① Belagerungsturm	**② Rammbock**	**③ Burggraben**	**④ Falltor**
⑤ Zugbrücke	**⑥ Schießscharten**	**⑦ Sturmleiter**	**⑧ Katapult**

2. Versuche dabei zwischen Angriffs- und Verteidigungsmaßnahmen zu unterscheiden.

Verteidigungsmaßnahmen	**Angriffsmaßnahmen**
Burggraben	Sturmleiter

Ein modernes Handelsschiff

Die Kaufleute Klaus und Martin aus Lüneburg waren zum ersten Mal in Hamburg. Was sie dort im Hafen sahen, erstaunte sie sehr. Solche Schiffe hatten sie noch nie gesehen. Neugierig fragten sie einen Mann, der das Ausladen beaufsichtigte. Dabei ergab sich folgendes Gespräch:

Martin: „Was ist das für ein Schiff?"
Arbeiter: „Das ist eine Kogge, ein sehr breit gebautes Segelschiff für den Warentransport."
Klaus: „Aha, und wie viel kann es laden?"
Arbeiter: „Etwa 200 Tonnen. Das ist hundert mal mehr als ein Fuhrwerk transportieren kann. Ja, was ihr noch wissen sollt – das Schiff ist 27 Meter lang und etwa 7 Meter breit. Es hat mehrere Decks und viele Kammern zum Lagern der Waren."
Klaus: „Wie viele Leute fahren denn auf so einem Schiff mit?"
Arbeiter: „Auf dieser Kogge sind es 25 Mann."
Martin: „Wie schnell ist denn so eine Kogge?"
Arbeiter: „Oh, bei guten Windverhältnissen schaffen wir zwischen 4 und 6 Seemeilen in einer Stunde. 1 Seemeile entspricht etwa 1,85 Kilometer auf dem Land. Wenn wir vom Morgengrauen bis in die Abenddämmerung 12 Stunden segeln, dann schaffen wir einiges!"

1. Wie viele Seemeilen schafft eine Kogge in 12 Stunden? Im Durschnitt schafft sie 4 Seemeilen pro Stunde.

2. Rechne um in km:

3. Ein Pferdetransport schafft in 12 Stunden etwa 30 Kilometer auf dem Landweg. Um wie viel Mal schneller ist die Kogge?

ca. -mal

4. Welchen anderen Vorteil hat eine Kogge gegenüber einem Pferdetransport noch? Denke dabei an die Warenmenge.

Schutz gegen Piraten

Zum Schutz gegen Piraten schlossen sich die Kaufleute der Hafenstädte zum Bund der Hanse zusammen. Bewaffnete Begleitschiffe fuhren mit den Handelsschiffen und schützten sie.

Alle Städte, die zum Bund der Hanse gehörten, hießen Hansestädte. Zu den wichtigsten Hansestädten zählten Hamburg (1), Bremen (2), Lübeck (3), Köln (4), Danzig (5) und Riga (6).
Die Hanse verfügte auch über Niederlassungen im Ausland. Zu ihnen zählten Brügge (Belgien), London (England), Bergen (Norwegen) und Nowgorod (Russland).

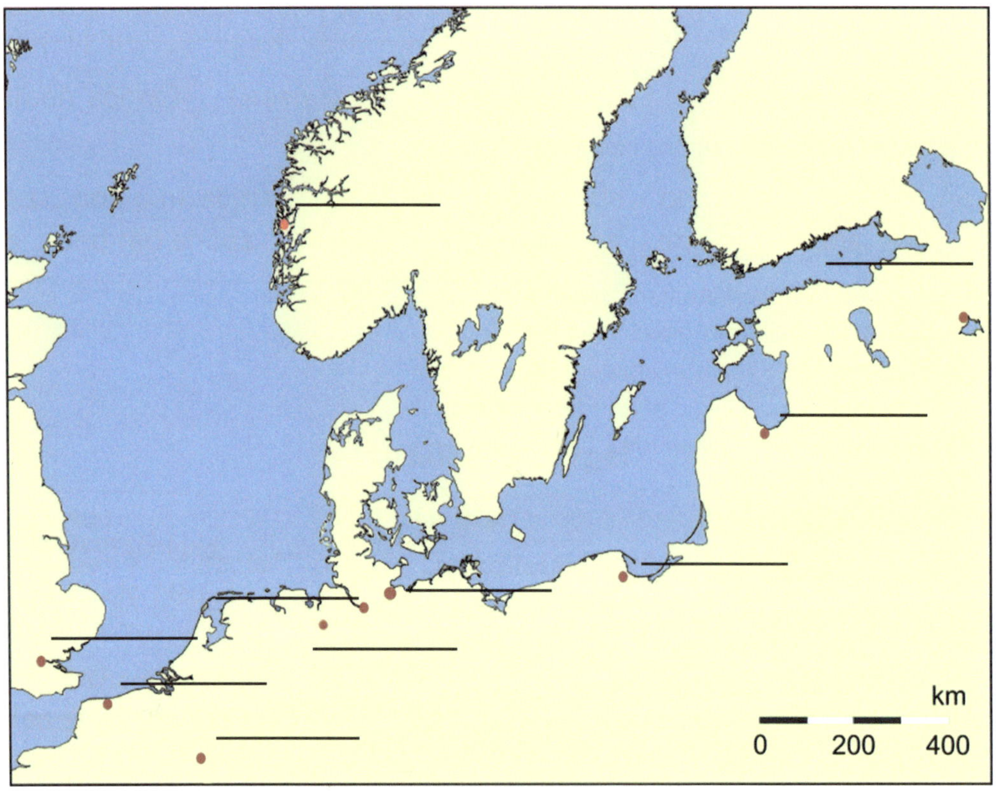

1. **Trage die im Text genannten Hafenstädte mit ihrem Namen in die Karte ein. Benutze zusätzlich einen Atlas.**

2. **Du hast sicherlich schon einmal die folgenden Kfz-Kennzeichen gesehen: Welche Städte verbergen sich dahinter?**

____

____

____

____

3. **Warum führen sie das H im Autokennzeichen?**

Über Stock und Stein

Der Zustand der Handelswege war schlecht. Tiefe Wagenspuren zeigten sich im Boden. Oft waren schwere Steine oder harte Baumwurzeln im Wege.
Eine wichtige Verbindung von West nach Ost war der Hellweg. Schon Karl der Große hatte ihn auf seinen Reisen benutzt. Dieser Handelsweg führte über eine Strecke von etwa 200 km vom Rhein zur Weser. Hier am Hellweg entwickelten sich große Orte wie Duisburg (DU), Essen (E), Dortmund (DO), Soest (SO), Paderborn (PB) und Höxter (HX). Der Hellweg führte dabei von Stadt zu Stadt.

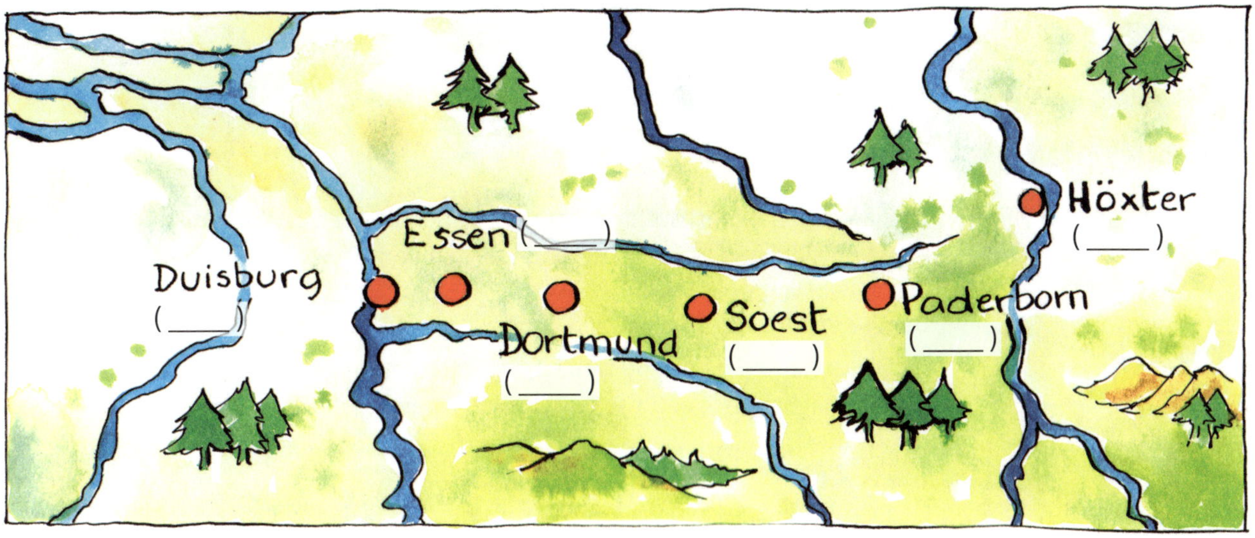

1. **Beschrifte die Städte. Benutze dazu die Abkürzungen aus dem Text.**

2. **Zeichne den Hellweg dick rot ein. Du brauchst dafür nur diese Städte miteinander zu verbinden.**

3. **„Über Stock und Stein“ ist eine Redensart. Welche Bedeutung hat sie hier?**

___

___

___

___

___

Unterwegs in Europa

Planwagen waren auf den Handelsstraßen in ganz Europa unterwegs. Oft bildeten sie lange Wagenzüge und wurden von bewaffneten Männern begleitet. Das war zu ihrem eigenen Schutz gegen häufig auflauernde Straßenräuber.

Dieser Kaufmann aus Breslau hat viele Geschäftsverbindungen in Europa. Diesmal benötigt er für seine Kunden folgende Waren:

 ________
 ________
 ________
 ________
 ________
 ________

____
 ________
 ________
 ________

Sein Schreiber hat alles durcheinandergebracht. Er weiß nicht mehr, aus welchen Städten er die entsprechenden Waren besorgen soll.
Sie gibt es in diesen Städten: Stockfisch (gerben) Pelze (nogowordo), Wein (peanel), Salz (brugzasl), Wolle (ondlon), Honig (agir), Tuche (berggü), Bernstein (digzan), Seide (kontinopelstan), Töpferwaren (damsteram).

1. **Schreibe den Warenbegriff unter das Symbol.**

2. **Nun hilf dem Schreiber, richtig zu bestellen: Setze die Buchstaben der Städtenamen richtig zusammen, so erfährst du den Herkunftsort der jeweiligen Ware.**

3. **Vervollständige die Karte im Anhang S. 51.**
Zeichne vom Standort Breslau Pfeile zu den einzelnen Herkunftsorten der Ware.
Schreibe den entsprechenden Artikel daran.

4. **Ein solcher Planwagen legte an einem Tag etwa 30 km zurück. Wie lange war er von Breslau nach Danzig (______ km) unterwegs? Nimm einen Atlas zur Hilfe.**
Und von Breslau nach Amsterdam? Das sind ______ Tage!

Auf Spurensuche

Spiele Detektiv. Zeige, was du kannst!

1. Wo findest du diese Abbildungen? Suche sie in diesem Arbeitsheft.
Schreibe die gefundene Seite in die Lupe.
Zu welchem Thema gehört die Abbildung jeweils?

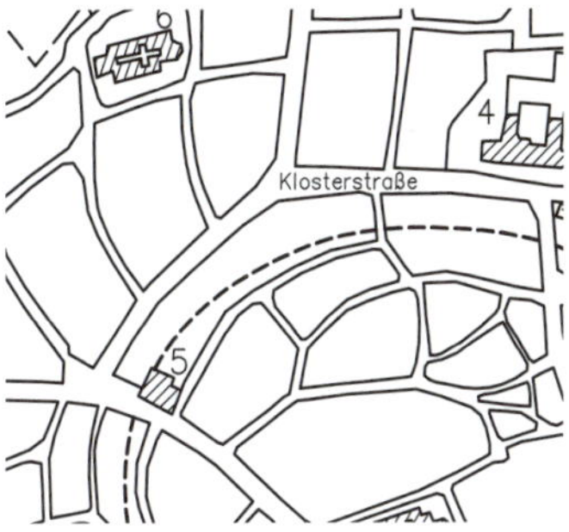

Thema: ____________________

Thema: ____________________

Thema: ____________________

Thema: ____________________

2 Welcher Begriff wird gesucht? Ergänze:

1. Ein Teil war Privatbesitz der Bauern, ein anderer Teil gehörte ihnen allen. Das war die ____________________.

2. Nach diesen Maßen schneidet der Tuchhändler: ____________ ____________ ____________

3. ____________ ____________ möchte das Kloster besichtigen.

4. Welche Ladefähigkeit hatte die Kogge? ______________________

5. Nach der Ausbildung wird er zum ______________________.

3 Wer oder was fehlt hier?

____

____

______________________ ______________________

______________________ ______________________

4 Wer benutzte welche Werkzeuge oder Waffen? Schreibe den Namen darunter.

______________ ______________ ______________ ______________

zu Seite 31

Aus dem Leben eines Ritters

Textkärtchen:

Er wird als Sohn eines Ritters geboren.

Nach der Ausbildung wird er zum Ritter geschlagen.

Er zieht für seinen König in den Kampf.

Er ist Herr über eine Burg.

Für ihn arbeiten Mägde, Knechte und Bauern.

Er bekommt eine besondere Erziehung.

Bildkärtchen:

zu Seite 30

So viele Menschen

Auf der Burg wohnte der Burgherr mit seiner Gemahlin.

Sie bewachten und verteidigten die Burg.

Er hielt die Messen in der Burgkapelle ab.

Der Küchenmeister bereitete die Mahlzeiten für alle zu.

Der Mundschenk war für die Getränke verantwortlich.

Knechte und Mägde kümmerten sich um Wirtschaft und Vieh.

zu Seite 34

Auf zum Turnier!

zu Seite 35

Der schwarze Ritter

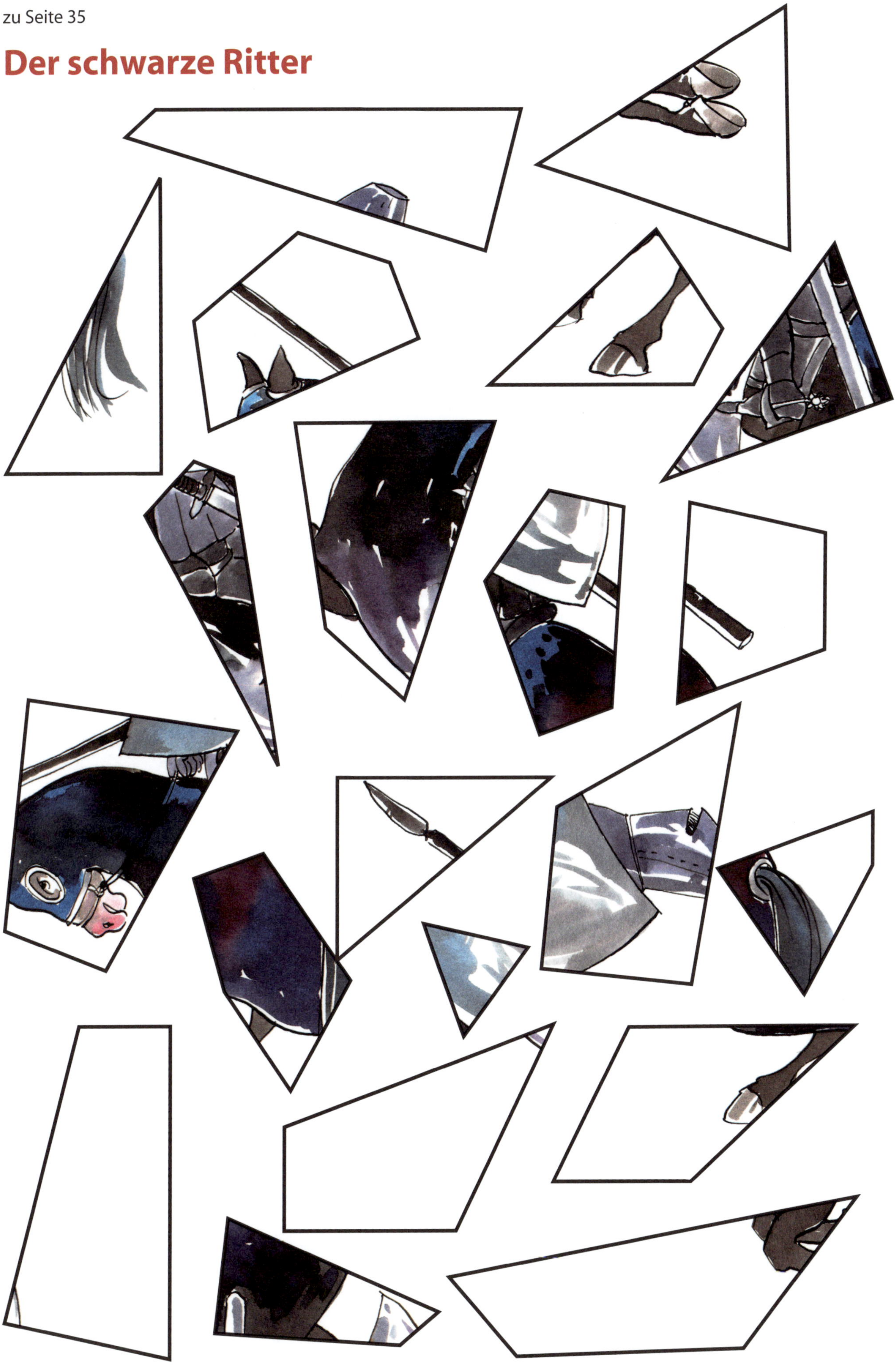

zu Seite 42

Unterwegs in Europa

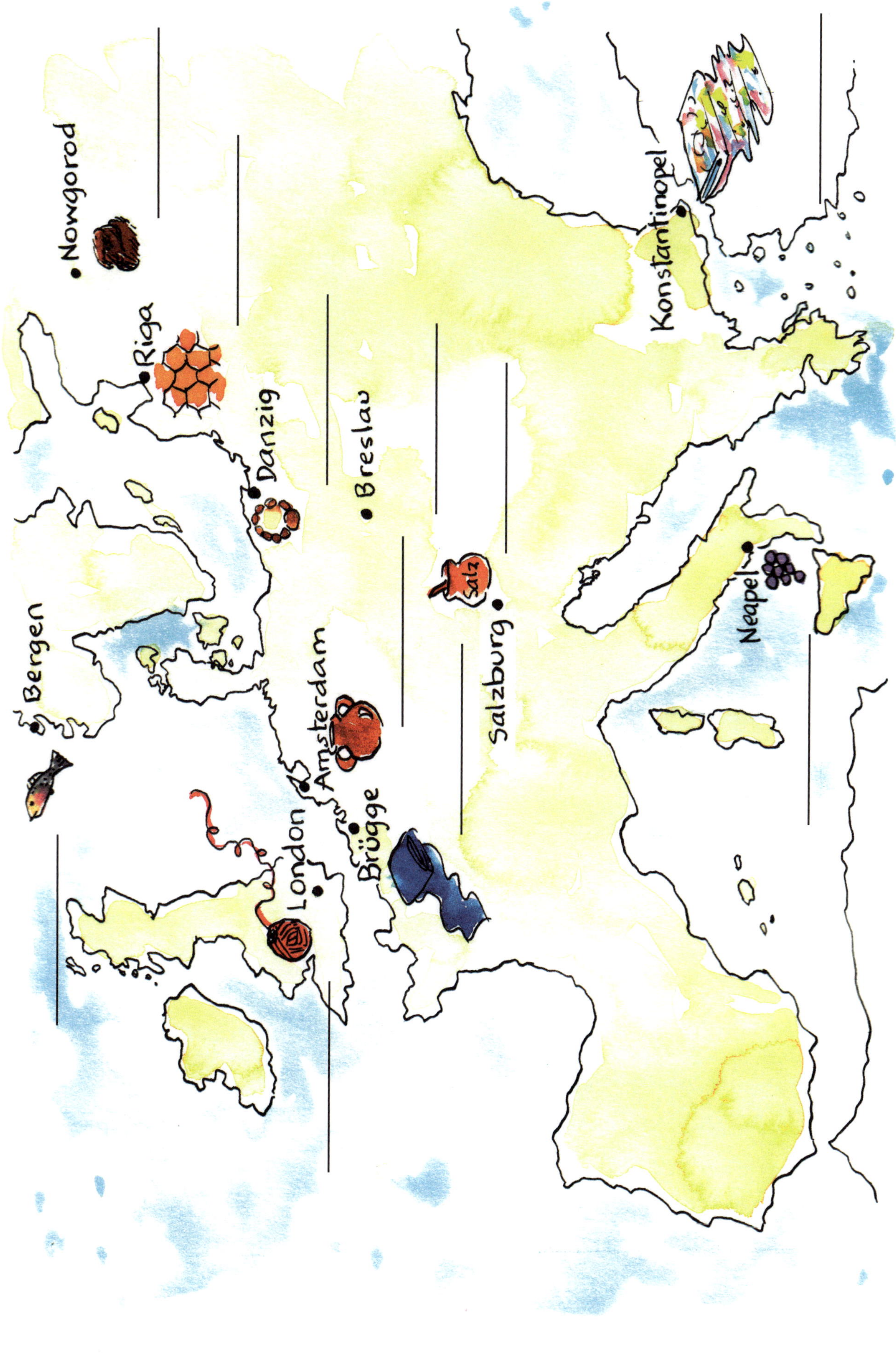

zu Seite 17

Bunte Fensterbilder

Lexikon

Abt	Der Abt ist der Klostervorsteher und Leiter eines Klosters.
Arithmetik	Arithmetik ist ein Teilgebiet der Mathematik und bedeutet so viel wie „Rechnen mit (natürlichen) Zahlen."
Astronomie	die Lehre von den Sternen im Weltall
Borten	Eine Borte ist eine verzierte Kante an Stoffen oder Kleidungsstücken.
Frondienste	Dienste des unfreien Bauern für seinen Grundherren ohne Bezahlung
Furt	flache Stelle im Lauf eines Flusses, die es ermöglicht, den Fluss ohne eine Brücke zu überqueren
Gemarkung	alter Ausdruck für die um ein Dorf herumliegenden Felder der Bauern, sozusagen das Umland
Geometrie	Teilbereich der Mathematik, der sich mit Punkten, Geraden, Winkeln und Abständen beschäftigt
Grammatik	die Fähigkeit, nach bestimmten Regeln lesen und schreiben zu können
Grundherr	Großgrundbesitzer im Mittelalter, der gleichzeitig Richter im Dorf war. Als Gegenleistung für Schutz und Land mussten die Bauern einen Teil ihrer Ernte abgeben.
Herold	Der Herold kannte sich mit den Rechten und Pflichten eines Ritters aus und war Experte im Erkennen von Wappen.
Knappe	junger Mann, der bei einem Ritter das Waffenhandwerk erlernt und ihn beim Anlegen der Rüstung, der Instandhaltung der Waffen und der Pferdepflege hilft
Küfer	Der Handwerker, Küfer genannt, stellt Weinfässer, große Wannen und andere Behältnisse aus Holz her.
Lehen	Grundstück, dass der Grundherr dem Bauer zum Bearbeiten gegen Geld oder einen Teil der Ernte überlässt
Novizenschule	Klosterschule für Männer, die Priester werden wollen
Rhetorik	die Fähigkeit, sicher und interessant vor Publikum zu reden
Sporen	Ein Sporn ist ein Metallstück, das am Reitstiefel hinten befestigt ist. Dadurch kann der Reiter dem Pferd Befehle geben, indem er dem Pferd leicht in den Bauch piekst.
Tagewerk	Das Tagewerk stellte im Mittelalter die Fläche dar, die ein Bauer an einem Tag bewirtschaften konnte.
Unrat	Unrat ist ein Gemisch aus Abfällen und Fäkalien. Es gab damals nur eine offene Kanalisation. Deshalb stank es fürchterlich in den Straßen.
Zehnter Teil	alte Steuer, die der Grundherr von seinen Bauern in Form von Geld oder Ernteanteilen einsammelte
Zunftwappen	symbolhafte Abbildung der Arbeit des Handwerkers in Form eines Zeichens, häufig ein typisches Werkzeug der Zunft